AF263484

ÉLOGE HISTORIQUE

DU CHANCELIER

MICHEL LHOSPITAL.

L²⁷ n 12640

ÉLOGE HISTORIQUE

DU CHANCELIER

MICHEL LHOSPITAL

Prononcé le 15 Décembre 1849

A LA RENTRÉE DES CONFÉRENCES DE L'ORDRE DES AVOCATS

PAR

Me CRESSON.

BIBLIOTHÈQUE NATIONALE
R.F.
IMPRIMÉS

> Fault être modéré.
> LHOSPITAL.
>
> Son âme est douée d'une rare sagesse; les autres ne sont que des ombres voltigeant à l'aventure.
> ODYSSÉE, liv. X.

PARIS,

IMPRIMERIE SCHNEIDER,

RUE D'ERFURTH, 1.

ELOGE HISTORIQUE

DU CHANCELIER

MICHEL LHOSPITAL

———————

Messieurs et chers confrères,

Les grands hommes sont rares; les hommes vertueux sont plus rares encore. Un grand homme résume en lui les forces et les faiblesses de l'humanité; il est son siècle. Un homme vertueux réalise les principes du bon sens et de la vérité, il reste la créature de Dieu; il est de tous les temps. Le premier veut la puissance et le commandement; le second les subit. Celui-ci chérit la paix, celui-là provoque la guerre; l'un s'appelle Alexandre ou César, Charlemagne ou Napoléon; l'autre vit comme Caton et meurt comme Socrate; règne comme saint Louis ou gouverne comme Lhospital.

Ce dernier, le chancelier Michel de Lhospital, apparaît et s'élève au milieu des figures imposantes de la Magistrature française. Devant lui, Montesquieu s'inclinait, en disant :

« Lhospital, tel que les lois, fut sage comme elles, dans une cour qui n'était calmée que par les plus profondes dissimulations, ou agitée que par les passions les plus violentes (1). »

Et pourtant, c'est de lui que je viens vous parler, c'est lui que je veux louer ! Que votre indulgence protége ma témérité; que votre amitié n'oublie pas combien est difficile à peindre l'époque à laquelle je dois vous ramener encore une fois! Regardez en Orient. Le dernier fils (2) des Césars a trouvé pour mourir le courage du premier Romain; Constantinople tombe, et les sciences et les

(1) OEuvres diverses (Montesquieu.)
(2) Constantin Dracosès.

arts abandonnent un rivage dont le croissant a fait un désert:
en occident, les papes, pour faire oublier les crimes d'un pon-
tife indigne (1), ouvrent leurs bras à la civilisation; mais en même
temps, fatigués du repos, ils allument sans hésitation le flam-
beau des discordes pour chercher et ressaisir le sceptre usé déjà
de Grégoire et de Boniface.

Le roi théologien monte sur le trône en Angleterre. Henri VIII prépare pour Anne de Boleyn la hache qui aussi doit
frapper Marie Stuart.

Charles Quint, «cet homme pour lequel le monde s'étendit (2),»
Charles-Quint donne à l'Espagne autant d'orgueil que de puissance. Elle oublie l'Inquisition pour répéter avec lui : « Le soleil ne se couche plus sur mes royaumes (3). »

L'Europe, enfin, voit resplendir la dernière armure chevale-
resque. Louis XII est mort, et le hérault salue pour la France le
roi vivant François 1er. Mais où donc trouver la liberté ? Partout
et nulle part. Guttemberg, avec l'imprimerie, a commencé pour
elle la conquête des intelligences; Luther, avec la discussion,
réveille «les idées de l'antique (4) égalité»; le siècle des révolutions n'est pas venu, et déjà cependant un esprit attentif pourrait dire : « L'empire des rois conduit au règne des peuples.»

Au milieu de ces circonstances, qui marquent le point de
départ des temps modernes, nous apercevons le berceau de
Lhospital entouré des caresses de la famille; son père guide ses
premiers pas, et c'est de lui qu'il apprend, pour ne les oublier jamais, les mots sacrés de Patrie, de Justice et de Vertu.
Jean Lhospital était médecin de ce fameux Charles de Bourbon,
que les injures, et peut-être l'envie, jetèrent sous les drapeaux
de Charles-Quint (5). C'était un homme de mœurs sévères, une
âme tendre, un esprit cultivé; il savait mûrir une idée, donner
un conseil et soutenir au péril de sa tête le parti qu'il avait
embrassé. Devenu l'ami du connétable, il lui sacrifia, sans hésiter, une fortune qu'il lui devait tout entière. Le père du
chancelier Lhospital ne pouvait être un ingrat; Jean Lhospital
suivit son bienfaiteur dans la fuite.

Son fils n'avait alors que dix-huit ans ; il commençait à Tou-
louse, comme il le dit quelque part : « ce travail (6) de plus de
trente-cinq ou quarante années employées ès bons livres grecs
et latins, ayan creu que c'estait la vraye porte pour entrer aux
offices et dignitez de judicatiure.» Il fut arrêté par les commis-
saires chargés de poursuivre les complices de Bourbon, et mal-
gré son innocence, que des soupçons injustes auraient dû respecter, il resta en prison, et ne retrouva la liberté que sur un
ordre exprès du roi.

(1) Alexandre VI.
(2) Montesquieu.
(3) Histoire des temps modernes.
(4) Châteaubriand (Essais historiques).
(5) Testament de Lhospital.
(6) OEuvres de Lhospital.

Rendu à lui-même, Michel Lhospital ne songe plus qu'à son père, inquiet dans l'exil. Il part, et ne prenant pour guide que sa tendresse filiale et sa volonté, sans crainte, bravant la mort presque certaine, il traverse les lignes des armées ennemies, franchit sous un déguisement les derniers obstacles, et se jette dans Milan assiégée.

Il est dans les bras de son père.

Je n'ai pas besoin, messieurs, d'arrêter vos pensées sur un pareil tableau; disons seulement que Jean Lhospital, tout fier de son fils, ne peut accepter son sacrifice. Déjà le talent vaut mieux qu'un titre de noblesse. La gloire est offerte au génie, et le génie n'est souvent que la conquête du travail. Si la France est fermée pour Lhospital, l'Italie prodigue ses trésors. A cette heure même, Raphaël et Michel-Ange dérobent à Dieu les célestes images devant lesquelles la guerre et son cortége s'arrêteront plus tard; l'Arioste dicte ses vers, pendant que Guichardin et Machiavel inscrivent leurs noms au Panthéon des gloires humaines. Jean Lhospital a décidé! son fils reprendra pour un instant encore le costume des muletiers; (1) c'est à Padoue qu'il ira chercher la science du droit, l'amour des belles-lettres.

Depuis longues années, notre pays ne sait plus obéir. Pour son malheur, le respect de la puissance paternelle, et par suite le culte des lois, sont aujourd'hui presque des vertus. Rien de semblable au temps dont nous parlons; le père commande, l'enfant suit; mais l'excès dénature le précepte de Dieu. Le roi veut, le sujet plie; que le caprice ou la raison édicte la loi, il faut se taire, il la faut observer. C'est le principe de l'absolutisme qui domine, nous n'avons plus à le juger. Lhospital partit sans discuter les ordres de son père, et Padoue put admirer pendant six ans les efforts de ce jeune homme, qui méprisait les séductions des plaisirs pour étudier dans leurs sources le droit naturel, le droit civil, la religion même.

Dans cet intervalle, le duc de Bourbon, traîné par Charles-Quint à la suite des armées impériales, avait vu mourir Bayard : « Monseigneur, lui avait dit le chevalier sans peur, ne faut avoir pitié de moi, mais de vous, qui êtes armé contre votre roy, votre pays et votre foy. (1) »

Et le connétable, après avoir autorisé les entrevues de Jean Lhospital avec les ambassadeurs français, s'était fait tuer sous les murs de Rome, en montant le premier à l'assaut. Son fidèle conseiller, retiré dès-lors à Bologne, appela son fils, et bientôt, poursuivis par l'aiguillon de la misère, tous deux allèrent à Rome, où la renommée les avait heureusement annoncés. Le jeune savant accepta, en arrivant, les fonctions de chapelain (2) du pape, et les conserva jusqu'au jour où le cardinal de Grammont obtint, pour lui, la permission de rentrer en France.

(1) Lhospital raconte, dans son Testament, « les dangers de mort » qu'il courut sous ce costume en sortant de Milan.

(2) Vie de Bayard, par le loyal serviteur.

(3) Auditeur de la rote, ou chapelain du Pape (tribunal ecclésiastique.)

Le médecin du traître (1) n'était pas compris dans l'acte de clémence de François Ier. Aussi Lhospital repoussa-t-il d'abord la pensée d'une séparation nouvelle. Puis la raison domptant son cœur, il partit animé d'un seul désir : Marseille, cette galère dorée, ces mille pavillons d'azur et de pourpre, ces inscriptions qui promettent à la France «la lumière et la sérénité», (2) ne frappent qu'un instant ses yeux. Il vient à Paris, obtient la déclaration du roi, qui rendait à son père la jouissance de ses biens, et ne s'arrête satisfait qu'après l'avoir vu s'établir en Lorraine médecin de la duchesse.

Jean Lhospital y mourut plein de jours; il avait assisté aux premiers succès de son fils.

Celui-ci, en retrouvant le sol de la patrie, s'était décidé sur le choix d'une carrière. Toutes les professions libérales s'offraient à lui, et pourtant il ne pouvait hésiter longtemps. Avec le secours du bon sens, Lhospital avait disséqué la science; les lettres avaient été pour lui surtout un instrument; ce qu'il cherchait, c'était la vérité; ce qu'il aimait, c'était la justice : il se fit avocat.

Suivant Pasquier, ceux qui paraissaient le plus alors au Palais, étaient maîtres Pierre Séguier et Christophe de Thou, les premiers de leurs illustres familles. « Comme deux corivaux (3) ils s'avançaient également aux premiers degrés de la robe, » ils voyaient à côté d'eux Dumoulin, «le plus docte en droit civil (4) et coutumier, Chartier, «le plus habile consultant du Palais (5), » puis Lamoignon et Marillac, Pierre Boulart et Guillaume Boucherat.

Au foyer de cette vénérable et grande compagnie, Lhospital vint s'asseoir sans conseil et sans protecteur. Mais, au milieu du seizième siècle, comme aujourd'hui, « il y avait place pour tous au Barreau (6) ; on appelait les talens à prendre part à ce beau et fertile champ (7);» l'ancien offrait au nouveau une main sûre et fraternelle. Peut-être ne léguait-on pas encore à des mains inconnues, inexpérimentées, sa bibliothèque, ses livres, les guides d'un travail honorable d'une vie sans reproche (8), mais on prodiguait ses leçons; Dumoulin écrivait ses avis pour Séguier, et celui-ci avec sa forme et son jugement, les rendait «admirables en ses plaidoiries;» on aimait son pays, on chérissait sa famille; avec nous on eût pleuré ce jeune homme, cet ami que nous avons vu brisé, mourant sur le lit funèbre de sa

(1) La maison du connétable avait été peinte en jaune par la main du bourreau.

(2) *Lucem et serenitatem,*

(3) Loysel.

(4) *Consultissimum totius ordinis nostri, nemine dissentiente.* (Dumoulin.)

(5) Dialogue des avocats.

(6) Dialogue des avocats.

(7) Dialogue des avocats.

(8) Chapon-Dabit.)

mère (1); en un mot, la route du bien était tracée déjà pour le jeune avocat, et ses modèles lui montraient parfois le sentier de la gloire.

Comme à Padoue, comme à Rome, Lhospital se distingua et fut applaudi. Il n'avait porté notre robe que pendant trois années, et le lieutenant criminel Morin lui donnait sa fille avec une charge de conseiller pour dot.

La Magistrature que Lhospital trouvait assise sur les fleurs de lys du Parlement (2) ressemblait bien peu à celle qui l'avait précédée, bien moins encore à celle que nous aimons à entourer tous les jours de nos respects; elle avait oublié les leçons de sagesse et de force que la Vacquerie (3) donnait au temps de

(1) Charmensat. Le 4 mai 1849, Me Liouville, membre du conseil de l'Ordre, prononçait sur sa tombe ces paroles, que je veux rappeler encore une fois :

« Messieurs, disait-il, celui dont nous venons de confier les dépouilles mortelles à la terre, était un bon et honnête jeune homme, aux nobles sentimens, aux qualités solides, plein de retenue et de modestie, et qui serait devenu, je vous l'atteste, et les suffrages de nos jeunes confrères l'attestent avec moi, un des hommes distingués du Barreau, car rien ne lui manquait, ni l'intelligence, ni le cœur, ni l'ardent amour du travail.

» Sa mort porte témoignage en faveur de sa vie, car c'est au chevet de sa mère, et par suite des fatigues éprouvées à lui prodiguer ses soins, qu'il a contracté cette maladie cruelle qui l'a enlevé en deux jours.

» Pauvre enfant ! qui ne vivait que pour sa mère ! pauvre mère, qui avait tout quitté pour suivre son enfant !

» Vous l'avez connu et apprécié, messieurs, et sa perte vous est bien douloureuse; mais à qui pouvait-elle être aussi douloureuse qu'à moi ?

» Ce n'est pas seulement un confrère que je pleure, c'est un collaborateur de tous les instans, c'est un ami dont les travaux s'associaient aux miens, dont l'esprit et dont l'âme m'étaient perpétuellement ouverts, dont les succès étaient mon espoir, dont les progrès étaient mon orgueil ! c'était un membre de ma famille, c'était presque un de mes enfans.

»E c'est moi qui viens sur sa tombe remplir ce triste et douloureux office!... que mon amitié devait attendre de son amitié.

» Adieu, Charmensat ! adieu, mon ami ! que la terre te soit légère !

» Et si, au-delà de la vie, on conserve quelques souvenirs des choses d'ici-bas et quelque attachement pour elles, souviens-toi de nous comme nous nous souviendrons de toi !

» Adieu ! pour la dernière fois, adieu ! »

(2) Les siéges du Parlement étaient parsemés de fleurs de lis.

(3) La Vacquerie osa faire à Louis XI des remontrances vigoureuses, devant lesquelles ce roi s'inclina. La pauvreté du président la Vacquerie est opposée par Lhospital lui-même à l'avidité du chancelier de Bourgogne Raulin. Le mot : c'est trop Raulin, est bien connu.

Louis XI. Aussi commençait-on à dire tout bas « que d'un médiocre avocat on faisait un bon conseiller (1).» Le mérite avait fui la vénalité des charges; pouvait-il accepter pour collègues la cupidité, l'ignorance et le fanatisme? L'hospital, dans ses Epîtres et dans ses harangues, parle sans cesse de ces magistrats qu'il faudrait renvoyer aux bancs de l'école. « Parties aux procès, ils ne font plus rien sans argent (2); les épices sont doublées ou triplées par eux. Sait-on quelque riche héritière, c'est pour MM. du Parlement. On peut compter, dit-il, ceux qui regardent la vérité.Ce que Dieu veult et le roy; presque tous appartiennent à des factions; ils ne sont plus les juges du prèz ou du champ; ils considèrent la vie, les mœurs, la religion. Eux des magistrats ils craignent la réputation et l'opinion du peuple (3).»

Quel spectacle pour celui qui sentait la dignité de ses fonctions et l'importance de ses devoirs; n'avait-il pas raison de s'écrier en détournant les yeux : « Ils sont hommes (4)?»

Cependant la mort avait respecté quelques caractères et plusieurs talens honorables qui conservaient vivantes les traditions glorieuses du passé. Ceux-là deviennent tous ses amis; on se prête le secours d'un mutuel exemple, pour essayer de retenir le char emporté de la corruption. Le chancelier François Olivier lui-même apporte dans les rangs de cette sainte phalange « sa suffisance et sa vertu non communes (5).» Inutiles efforts! il faut fuir pour ne pas heurter tous les vices. Retiré, quand ses devoirs le lui permettent, à quelques lieues de Paris, Lhospital oublie dans les méditations de l'étude, dans les douceurs de la poésie, près de sa femme, à côté de sa fille, les ennuis d'une position que les rancunes de François Ier n'avaient pas encore permis de changer.

Olivier, après la mort de ce monarque, put envoyer Lhospital au concile de Trente. Il lui confiait le soin difficile de porter le drapeau de la France au milieu des intrigues du sacré collége. La sécularisation de l'Allemagne par Luther, la déclaration d'Henri VIII, devenu protecteur et chef suprême de l'église anglaise, ébranlaient le trône pontifical. Il fallait céder au vœu général, réunir un concile, répondre au moins par des solennités, aux décisions de la Diète d'Augsbourg. Mais à qui se confier? à l'empereur, toujours Auguste? Au fils aîné de l'Eglise? ne voudront-ils pas peser sur l'examen des questions controversées? Paul III comprend et fuit le danger, lui, le pape doit dominer ce qu'il appelle : la République chrétienne (6).

Si, par défiance des villes italiennes, l'Allemagne refuse de réunir ses prélats à Mantoue d'abord, à Vicence ensuite, il fau-

(1) Dialogue des avocats.
(2) Harangues au Parlement (OEuvres de Lhospital).
(3) Harangues au Parlement (OEuvres de Lhospital).
(4) Harangues au Parlement (OEuvres de Lhospital).
(5) De Thou.
(6) Bulle de convocation du Concile.

dra convoquer le concile à Trente. Mais trois cardinaux (1) peuvent devenir papes. Paul les fait ses légats *à latere*. Maria de Monte, Marcel Cervin, Renaud Polo partent chargés de ses instructions. Comme ils les remplissent! On appelle ceux ci, on ferme les portes à ceux-là, on s'égare dans les profondeurs d'une contestation sans but, la cause de la réforme, on ne veut pas la voir, il faudrait frapper au cœur, Rome surtout serait blessée.

La discussion se traîne pendant des années. Une question (2) va-t-elle se résoudre? Il s'agit de la résidence des évêques; est-elle ou non de droit divin? Le pasteur doit-il par sa présence et son exemple inspirer au troupeau l'amour du bien et le respect du culte? La vérité va triompher. Le pape écrira de renvoyer à six semaines la solution du problème. En toute hâte, il crée, il assemble jusqu'à quarante petits évêques de la Pouille et de la Sicile, un capitaine dévoué les conduit par mer jusqu'à Trente, et là, tous ensemble, admis dans l'auguste assemblée:«Nous ne sommes que créatures et serviteurs (3) du très saint père unique pasteur; appelés sous son bon plaisir et libre volonté, nous ne lui devons et pouvons inspirer la loi. »

Le pape ne peut proscrire les abus qui soutiennent sa puissance. Si la France insiste sur des réformes; si, fatiguée de porter au trésor romain le prix des indulgences, elle parle le langage du droit et du devoir, un cardinal dicte des cahiers : le roy très chrétien usurpe, par ses régales, édits et autres choses, sur la juridiction du pape et droits de sa cour de Rome. Quelle réponse aussi que celle du très vertueux de Ligneris (4). « Quand toute l'assemblée de Trident l'aurait ordonnée, le roy, mon maître, n'y devrait obéir et n'y obéirait! »

Bossuet écrasa le protestantisme dans son livre des Variations; depuis longtemps cependant il était enraciné. Combien il eût été plus facile de le combattre à son origine! Le nouveau schisme ne dut sa fortune qu'au parti pris de la papauté. Pour elle, le spirituel était peu de choses, le temporel était tout. Elle rendit la conciliation impossible. Suspendu, puis réuni, appelé à Bologne sous prétexte d'une épidémie qui n'existe pas, le concile marche avec « un pied de plomb. (5) »

Lhospital assista pendant seize mois à ces tristes agitations. Honteux et fatigué, il demanda son rappel, et vint reprendre avec une sorte de plaisir, comme il le dit quelque part (6): « la pierre qu'il roulait tous les jours comme un autre Sisyphe, depuis le lever du soleil jusqu'à son coucher. Olivier n'était plus à la cour, le digne chancelier s'était retiré devant les caprices de

---

(1) Consultation de Dumoulin. Marcel et Renaud Polo furent papes après Paul III. (Voir Concile de Trente, par Rosset.)
(2) Consultation de Dumoulin.
(3) Consultation de Dumoulin.
(4) Consultation de Dumoulin.
(5) Expression du légat *à latere*, au concile réuni à Bologne. (Rosset.)
(6) Epîtres de Lhospital.

la duchesse de Valentinois (1).«Ta sagesse a vaincu la fortune,
lui écrivit son ami, tu sais vivre. Libre à la cour, libre aux
champs, tu as vu passer sous tes pieds les plaisirs et les douleurs.
Noblesse de cœur et richesse d'esprit ne cherchent jamais les
grandeurs.» Vous serez nommé, disait à Bailly un jeune homme
inconnu, pendant les élections tumultueuses de 89 (2).—Je n'en
sais rien, répondit l'honnête homme; cet honneur ne doit ni se
refuser, ni se solliciter.» Ainsi pensait Lhospital, que ses amis
désiraient élever. Entre tous, l'évêque de Tulle (3) était le plus em-
pressé. Par son savoir, par sa courageuse franchise, Duchâtel avait
mérité l'affection de François Ier, qui l'avait nommé son grand
aumônier. Devenu dans cette position le conseiller de la sœur
de Henri II, il vanta Lhospital et montra ses vers. Cette princesse, élevée à l'école de la Marguerite des Marguerites, veut
le voir aussitôt, et fière d'ajouter à sa Cour celui qu'on regar-
dait comme le plus intègre et le plus éclairé des magistrats, elle
fait créer pour lui une charge de premier président et surintendant des finances en la Chambre des Comptes, après l'avoir
vu passer par les fonctions de maître des requêtes (4).

Les finances à gouverner ! et quelles finances? Voulez-vous,
messieurs, que nous demandions à Lhospital ce qu'était à ce
moment le Trésor royal? Ce qu'il dira comme chancelier au
Parlement et aux Etats, il le pense et l'écrit déjà comme surintendant.

«On a recueilli la succession du feu roy (5), embrouillée et empeschée de destes. Tous les frais et despenses de douze ou
treize années d'une grande, longue et continuelle guerre sont
tombés sur luy, des mariages à payer et autres choses longues
à réciter, le domaine, les aydes, les greniers à sel et partie
des tailles aliénés. »

(1)   *Vicit, Olivari, tua virtus sæva minacis*
                Spicula fortunæ;
        Tu vero liber in aulá, liber in urbe;
        Vixisti semper, nec res fecere secundæ.
        Majores animos, nec dejecere sinistræ.

(2) Thiers (Révolution française).

(3) C'est Duchâtel, évêque de Tulles, qui disait à François
Ier, en présence du chancelier Poyet. « Comment ose-t-on
soutenir que le roi est maître absolu des biens de ses sujets?
comment ose-t-on inspirer de pareils sentimens à un prince,
qui a des lois à suivre et à respecter? Voilà, sire, voilà les dé-
testables maximes sur lesquelles se formèrent les Caligula et les
Néron; avant de vous servir de nos biens, il vous faudrait ob-
tenir notre consentement. »

(4) Janvier 1554. Chef et premier président par dessus, et
outre le nombre de six. (Mémoires de Condé, p. 14.)

(5) Harangues.

Prenons ailleurs,pour encadrer ce tout(1);« les voleurs et les pillards de la fortune publique, les courtisans avides, et lâchement audacieux; » et ne nous demandons pas un instant ce que va faire le nouvel administrateur.

«Pour calmer les colères de celui-ci (2),dois-je oublier la patrie et mon roi? le satisfaire, ne sera-ce pas lui donner le pain du soldat, ouvrir nos villes à l'ennemi, livrer nos campagnes au pillage d'une armée sans paie ? Ah! que je sois odieux, pourvu qu'Olivier m'approuve!»

Quelles nobles pensées! quelle conduite plus noble encore. Lhospital ne ressemble pas à cette foule qui récite les phrases en cachant derrière leur magnificence de honteuses faiblesses. Le voyez-vous (3),«cet autre censeur Caton,ce vray portrait de St-Hierosme, avec sa grande barbe blanche, son visage pasle, sa façon grave,» il est devant Henri II le maître voluptueux et prodigue.

Pour un plaisir, pour une fête, Diane de Poitiers, la belle duchesse, désire une grosse somme, et le roi ne peut rien refuser. « Sire, dit Lhospital, cet argent que vous voulez donner c'est la subsistance du peuple; c'est la récolte et la nourriture de vingt villages que vous sacrifiez à l'avidité d'un seul (4). »

Un tel homme devait monter au premier rang. Marguerite de Valois alla le chercher dans le Conseil du roi pour lui confier sa chancellerie privée, et bientôt il conduisit à Philibert-Emmanuel cette princesse, que les Savoisiens connaissent encore sous le nom de mère des peuples (5).

La mort de Henri II, tombé sous la lance de Montgommery, avait précédé le départ de Lhospital. La conjuration d'Amboise éclata pendant son absence. Olivier, redevenu chancelier, ne put assister à tous les supplices que les Guises inventèrent pour punir leurs ennemis personnels. Il mourut, en refusant de voir le cardinal de Lorraine. « Ah ! maudit cardinal ! s'écriait-il, tu te damnes et nous fais aussi damner tous (6) ! »

L'Hospital fut appelé pour remplacer son ami dans la garde des sceaux de l'Etat.

La cour de François II offrait à ce moment le plus singulier spectacle. Les partis qui la divisaient n'entretenaient point encore des assassins à gages;les mignons(7),«ces modernes gladia-

(1) *Genus hoc hominum quod venit ab aulâ.*
    Nostiquam petulans et quam sit graviter audax.

(2) *Quid faciam ? Privata mihi sit gratia civis,*
    Cujusquam patriæ potior vel regis amore !
    Ille habeat sibi dona feroxut mille egebit, etc...

(3) Brantôme, connétable de Montmorency.

(4) Dufey (Notice sur Harang.)

(5) Bouillet.

(6) Histoire de l'Etat de France; Regnier de la Planche et tumulte d'Amboise.

(7) Châteaubriand.

teurs », ne prononçaient pas encore les terribles sermens qui les conduisaient à ces combats atroces de deux contre deux, de quatre contre quatre, de cent contre cent; Caylus et Maugiron, d'Antragues et Schomberg, n'étaient que des enfans, et la mode n'avait pas trouvé pour les attacher au cou du jeune monarque ces chapelets à grains de têtes de mort, qu'Henri III appelait plus tard le«fouet de ses haquenées(1),»tout cela grandissait alors pour rester, jusqu'au jour de nos révolutions, un souvenir bizarre et terrible. Mais Catherine de Médicis, arrivée à la toute-puissance, jette autour d'elle son regard attentif. Cette reine, qui « n'appeloit quelqu'un mon amy, que si elle l'estimoit sot, ou qu'elle étoit en colère,»(2) cherchait une route à la politique des Médicis. Le roi n'était rien; Marie Stuart, enfant comme lui, disait des vers; il fallait régner sur la France et sur ces partis qui divisaient la cour.

Les Guises,«extrêmes dans le bien et dans le mal,»(3) étaient à la tête du plus fort, et, par suite, du plus intraitable. François, l'un d'eux, s'était couvert de gloire; il avait donné Metz à la France, gagné avec Tavanne la bataille de Renty, chassé les Anglais d'une conquête séculaire en reprenant Calais. C'était un demi-dieu. Son frère, le cardinal de Lorraine, cherchait et trouvait l'occasion de prouver un immense talent. Il avait, comme son aîné, de nombreux amis(4).

C'était d'abord ce fameux Montmorency, « le grand Rabroueur de gens,»(5)ce capitaine brûle bancs,(6)qui,blessé mortellement à la bataille de Saint-Denis,répondit aux larmes inquiètes de ses soldats : Pensez-vous que j'aie vécu quatre-vingts pour ne pas savoir mourir un quart d'heure (7)?

C'était aussi Saint André, le favori des rois et du peuple, (8) charmés par ses grâces et sa vertu; Puis Montluc, enfin, « ce Gascon brave et bouillant et vaillant.» (9)

(1) Lestoile.

(2) Brantôme. (Catherine de Médicis.)

(3) Montesquieu.

(4)
 François premier prédict ce poinct
 Que ceux de la maison de Guise
 Mettraient ses enfans en pourpoinct
 Et son pauvre peuple en chemise.

Les Guysards s'allièrent avec celle qui, pour lors, possédait notre pauvre roy (duchesse de Valentinois et Henri II), de laquelle ils voulaient se servir pour sucer la substance du peuple. (Mémoires de Condé.)

(5) Brantôme. (Anne de Montm.)

(6) Il avait incendié les prêches.

(7) Voltaire.

(8) Entre ceux qui, de maigres qu'on les avait veus auparavant, ils en sont devenus gros et gras. (Brant.)

(9) Brantôme. (Montluc.)

La plupart affectaient pour le service de la religion une ardeur qui cachait mal leurs desseins ambitieux. On pourrait leur appliquer sans doute le mot de l'Estoile : Ils ne croyaient en Dieu que sous bénéfice d'inventaire. Dans le camp opposé on trouve les mêmes dehors. Là certainement, il y a plus de malcontentement que de huguenoterie.

Le massacre de Cabrières et de Mérindolles, le hideux supplice d'Anne de Dubourg, les exécutions d'Amboise, la nouveauté peut-être, cette éternelle maîtresse notre patrie, ont fait pour le calvinisme la conquête d'une moitié de la France, comme le dira Lhospal au Parlement : « Les herbes ont tant creu et multiplié, qu'elles surpassent le nombre des épys (1). »

De ce côté, nous trouvons le roi de Navarre, indécis, et je dirai sans courage, s'il n'allait défier par sa présence le poignard qui tremble dans la main de François II; le prince de Condé, qui conspire, se cache, et sait au besoin charger ses coreligionnaires; les d'Andelot, braves soldats, austères comme leur religion.

Le prestige de la vertu séduit tous les partis. Catherine redoutait d'ailleurs la puissance de ceux-ci, elle ne voulait pas encore des violences de ceux-là, elle appela Lhospital pour servir la France et le roi.

L'homme qui ne doit sa gloire qu'aux circonstancess devient le jouet du sort; le flot qui le porte aux honneurs, le jette ensuite au fond d'un abîme, il ne peut jamais être lui-même; pour être vraiment grand, il faut saisir entre ses mains les événemens, les soumettre aux yeux de la raison, les juger, et n'appeler à son aide, pour se conduire, que la seule conscience. Peut-être, le Capitole et la Roche Tarpéienne seront voisins sur la route. Le juste restera debout, impassible, même sous les ruines du monde. Le nouveau chancelier comprit cette vérité : il écrivit la vieille devise dans son cœur, et sut l'appliquer toujours.

Lhospital voulait avant tout guérir les plaies ouvertes par la main des Guises. Admirant leurs services, il avait aperçu leurs plans; il peut déjouer leurs calculs; mais il marche avec les précautions d'une sage politique. Le cardinal de Lorraine, dans une entrevue avec Grandvelle, le Richelieu de l'Espagne avait essayé le masque du grand inquisiteur. Cette toute puissance qui soupçonne, qui prétend trouver le crime dans les replis de la conscience, elle lui a été offerte, promise, s'il veut la mériter; il profite des circonstances favorables. Par ses soins, l'édit de Romorantin (2) a paru. L'autorité ecclésiastique va saisir l'hérésie, la juger, la punir; un pas encore, et Pithou pourra frémir devant l'institution, plus intolérable mille fois aux esprits nés libres que les plus cruelles morts.

(1) Harangue.

(2) L'édit de Romorantin, attribué à Lhospital, est du mois d'avril 1560. C'est seulement au mois de juillet que celui-ci fut nommé chancelier. (Voir anciennes lois françaises, vol. 14.)

Que faire? le Parlement a résisté. L'heure sonne (1), a-t-il dit, en recevant la lettre close du roi, et l'enregistrement a été ajourné.

Faut-il briser l'édit, affaiblir encore la puissance royale? tendre la main aux uns, la retirer aux autres?

Lhospital va lui-même au Parlement, il expose l'état universel du royaume (2): «Tous les estats sont corrompus. Suivant lui, chacun s'est faict une religion à sa portée. L'Eglise, qui devrait preluyre, est cause du désordre par les mauvais exemples; les vicaires parlent de payer les dixmes et offrandes, rien de bonnes mœurs.

» Les aultres vouldraient que leur religion fust reçue et l'ancienne chassée.

»Les moyens extrêmes ne valent rien; plus de bûchers, plus de tortures, mais plus de réunions armées, plus de séditions. »

Il termine en demandant l'enregistrement de l'édit qu'il n'a pas fait.

«La Cour advisera, ajoute-t-il, s'il y a chose à remontrer pour y déclarer ou dyminuer. Le roi l'entendra voluntiers, et s'il y faut changer le fera.»

Lhospital ne veut donc appartenir à personne; il enfonce dans les leçons de l'histoire, et compte avec nous les ministres, qui, ne pouvant résister aux emportemens d'un parti, tombent bientôt avec lui.

Maintenant, que le flot des factions monte, monte encore, il faut lui défendre d'aller plus loin, élever devant lui la volonté nationale, trop rarement consultée, c'est la digue la plus forte, la seule qui puisse résister. Mais le conseil du roi est esclave... les princes lorrains sont maîtres absolus.,. Lhospital convoque à Fontainebleau les notables du royaume. Protestans et catholiques doivent exprimer librement leurs opinions. Coligny apportera deux requêtes des religionnaires de Normandie; il les présentera au monarque, en mettant deux fois le genou en terre. Ensuite Montluc, évêque de Valence, Marillac, archevêque de Vienne, exposeront l'état des choses; ils signaleront, sans amertume, les fautes du saint-siége, les désordres de l'Eglise, les erreurs des nouvelles doctrines, ils finiront en sollicitant une assemblée des Etats-Généraux, même un concile national; et le chancelier les soutiendra contre les efforts des Guises.

La victoire est remportée; on convoque ceux de chaque province pour dresser leurs cahiers et choisir ceux qu'elles voudront « députer à Meaux; le dixiesme décembre est le jour fixé (3). »

Ce n'est pas tout : un gouvernement plein de ses devoirs doit être le premier à conduire ses peuples dans la route du

(1) Registres du Parlement. (Notice par Dufey.)

(2) Harangues.

(3) Anciennes Lois françaises.

meilleur. Lhospital le sait : ministre depuis un mois, que n'a-
t-il pas fait?

La justice s'arrêtait devant les priviléges de chaque province. L'arrêt d'un Parlement ne pouvait s'exécuter dans le ressort
voisin qu'après l'ordonnance « *placet ne pareatis;* » c'était un
nouveau procès. Ecoutons le chancelier; il dicte le Code civil :

« Tout ce qui est faict par nos Cours et juges est faict sous
nos noms et auctorité, partant doit être exécuté par tout notre
royaume et pays de notre obéissance.»

Xénophon demandait autrefois des récompenses pour les préfets
de commerce qui expédient le plus vite les affaires; les Tribunaux
consulaires sont créés, et cette institution, en déclarant la guerre à ceux qui construisent ou traînent les procès, marche es-
cortée de la puissance nouvelle donnée aux arbitrages et aux
compromis. Les premiers deviennent de véritables sentences;
les seconds s'étendent aux demandes en partage, aux comptes
de tutelle d'administration (1).

Et cependant il faut lutter avec le Parlement pour lui faire accepter ces lois qui, d'après Pasquier, « passent d'un long en-
trejet celles qui les avaient précédées. »

Pendant ce temps, les Guises s'agitaient avec les catholiques; ils font changer le jour et le lieu de l'assemblée des
Etats. Meaux était trop protestant, c'est Orléans qu'ils choi-
sissent; puis des troupes arrivent, et les citoyens sont désar-
més; de leur côté, impatiens, comme tous les partis, les protestans prennent les armes et tentent de surprendre quelques
villes. Leurs chefs secrets, le roi de Navarre et le prince de
Condé, sont appelés à la cour et arrêtés.

Le premier ne peut être impliqué dans le complot d'Amboise, mais il est redouté qu'il meure frappé par le roi lui-
même. En vain, un avis lui dénonce le péril; le capitaine
Renty a promis de porter sa chemise sanglante et percée à sa
femme et à son fils; il s'avance... François n'ose pas, et le
cardinal de Lorraine sort en criant : « Voilà le plus grand pol-
tron qui fust jamais (2). »

Quand au prince de Condé, il est jeté entre les mains d'une
commission. Lhospital en fait partie, mais quels efforts pour-
raient sauver « le grand protecteur de messieurs de la religion (3). »

Trois hommes seulement ont refusé de signer l'arrêt. Lhospital, le conseiller Dumortier, le comte de Sancerre ont répondu « qu'ils savaient mourir, mais non se déshonorer. »
Courage inutile! Le dernier supplice s'apprête. Heureusement

(1) L'édit qui confie à l'arbitrage les affaires commerciales
est le premier pas fait vers l'institution des Tribunaux de commerce. Il est daté de Fontainebleau, août 1560. (Voir édit de
Paris, novembre 1563.)

(2) Histoire de l'Etat de France. Reynier de la Plass.

(3) Brantôme, Condé, Lhospital, président.

le roi succombe sous l'étreinte d'une courte maladie ; les remontrances du chancelier décident Catherine de Médicis; Condé voit tomber les portes de sa prison.

Au milieu de ces mille obstacles, Lhospital poursuit son œuvre; les ruses, les perfidies se brisent autour de lui. Il peut
ouvrir les Etats-Généraux.

Son discours, messieurs, digne des beaux jours de nos tribu-
nes parlementaires, ne devrait pas être analysé. Il promet en
commençant l'accord de la Cour, de cette grande famille que
Mme de Sévigné appelait la France. Il raconte ce que furent
les anciens Etats; il repousse, en regardant quelques députés,
la doctrine qui soutient leur inutilité (1).

« Il n'y a, dit-il, acte tant digne des rois, que donner au-
dience générale à leurs subjets et faire justice à chascung. Ont
été éleus, premièrement pour faire, et n'est acte tant royal
faire la guerre droit. Aussi dedans le scel de France, n'est em-
preinte la figure du roy armé et à cheval, mais séant en son
throsne rendant la justice.

» Ceulx qui tiennent les états, ajoute-t-il, oient la voix de
la vérité qui leur estait souvent cachée par leurs serviteurs, et
au lieu qu'ils se laissent mener, mènent les autres. Non, non,
ce n'est point diminuer la puissance royale que la rendre af-
fable. Ceulx de l'opinion contraire sont genz qui veulent seuls
gouverner, qui craignent leurs faits estre cogneus, assiégent le
prince, et gardent que nul approche de lui.»

Les Guises étaient là; ils écoutaient, et Lhospital continuait
tourné vers le clergé :«Les prélats et aultres genz d'église, s'il
leur plaist, feront mieux qu'ils n'ont faict cy devant.» Et en s'a-
dressant aux protestans : « Tu dis que ta religion est meilleu-
re, je défends la mienne; lequel est le plus raisonnable que je
suive ton opinion ou toi la mienne?»

Sous la direction, sous l'influence de semblables idées, les
députés auraient pu guérir les plaies sociales. Le clergé eut en
vain invoqué la rigueur des Constitutions canoniques et civiles
contre tels porteurs de requêtes (2), « demandant temples, tous
fauteurs d'hérésie.» En vain, il eût voulu défendre (3) «commerce
de quelconque marchandise, livres ou aultres, à tous sectateurs
et renovateurs.» En vain, il eût parlé de ses priviléges, rappe-
lé cette parole de Dieu (4) : « Ne touchez mes serviteurs, et ne
soyez malins ni malfaisans à mes prophètes et prédicateurs. »

La noblesse était forte, appuyée sur le tiers-état. Elle voulait
avec lui (5) «'a réformation de l'Eglise, parlait du luxe ruineux des
prélats, soutenait que leur estat est seulement de prescher. »

(1) Harangue.
(2) Cahiers du clergé.
(3) Id.
(4) Id.
(5) Cahier de la noblesse et du tiers-état.

Étrange rapprochement! les deux ordres signalent l'ignorance du peuple, comme la cause du mal. Ils comprennent que l'intelligence vit seulement par l'éducation. Sans elle, la liberté pourrait-elle être un bienfait!

Les prétendus catholiques, conduits par le triumvirat des Guises, du connétable et de Saint-André, furent assez habiles pour empêcher les résultats qu'ils redoutaient. Le roi de Navarre est à peine proclamé lieutenant-général du royaume; le prince de Condé n'est pas réhabilité ; le Parlement n'a pas encore reçu la lettre de cachet qui ordonne la suspension des poursuites et jugemens pour faits de religion, déjà les Etats sont interrompus.

Cette courte session avait produit cependant une œuvre considérable. L'ordonnance d'Orléans proposée par le chancelier, après examen des plaintes et doléance des Etats, était publiée.

Justice, police, écoles, tout était passé en revue par elle ; la nomination des évêques était ramenée à la simplicité, à la pureté des premiers jours chrétiens : les prélats de la province dans laquelle un bénéfice est vacant, douze gentilhommes députés par la noblesse, et douze notables bourgeois choisis par le peuple, doivent désormais élire leur pasteur (1).

Les transports d'or et d'argent, les paiemens des deniers hors du royaume, «sous couleur d'annates (2),» sont prohibés. On tarit la source du trésor pontifical. Puis la résidence est imposée au clergé, et ceux qui refuseront d'obéir verront vendre leur temporel au profit des pauvres (3). D'autre part, au nom du bien et de l'intérêt public, la vente des offices de judicature est défendue. les magistrats seront choisis par le roi, quelques uns sur une liste de présentation dressée par les notalables du ressort (4).

Remarquons surtout la part faite à l'éducation du peuple ; chaque église doit entretenir un précepteur, tenu d'instruire les enfans de la ville, « gratuitement et sans salaire; c'est l'évêque qui le nomme, mais avec le concours des chanoines, du maire, des échevins, des conseillers de la cité (5).

Pourrait-on mieux faire aujourd'hui? où trouver plus de sagesse? osera-t-on reprocher à Lhospital l'ordre d'enregistrer les bulles (6) qui déclarent les priviléges des jésuites et leur admission en France. Les disciples de Loyola se montraient à peine; leurs doctrines, si longtemps cachées, toujours obscures, ne pouvaient être connues, approfondies encore. D'ailleurs, quelques

(1) Art. 1er de l'Ord. d'Orléans. Le roi donne encore l'investiture : il choisit entre trois personnages nommés.

(2) Art. 2. Ord. Orl.

(3) Art. 5, id.

(4) Art. 39, 40 et 54, id.

(5) Art. 9.

(6) Lettres de jussion, 20 février 1560.

jours après, les priviléges de l'Université de Paris, cette mère de
la raison et de la liberté, n'étaient-ils pas publiés et confirmés (1)?

Ceux qui, par orgueil ou par devoir prennent en main les
rênes de l'Etat, poursuivent sans relâche une énigme qui les
fuit. Lhospital a accepté les fatigues et les dangers de cette
lutte, il rétablira la paix, il arrêtera la persécution. Tolérant,
il ne veut plus que l'insulte se cache tous les mots de *huguenots*,
de *papistes* (2), qu'elle provoque chaque jour l'effusion du sang;
défense d'employer ces expressions. La tranquillité publique ne
sera plus troublée par des attroupemens, par des visites domi-
ciliaires opérées sous prétexte d'assemblées illicites, des peines
sévères sont prononcées contre ceux qui se rendront coupables
de pareils actes.

> L'esprit de contradiction
> L'aura fait flotter d'autre sorte,

écrivait Lafontaine. Et ces vers n'étaient pas seulement une sa-
tire «de l'épouse indiscrète et peu fine(3),» c'était, avec beaucoup
d'autres, une vérité qui s'adresse à l'humanité tout entière.
Etats, royaumes, républiques, constatent tous les jours l'immortalité de «l'humeur contredisante (4).» Est-elle un bien, est-
elle un mal? Tant d'esprits illustres ont soutenu tour à tour
les deux thèses et suivi les deux voies, que je recule devant la
solution du problème pour ne constater qu'un fait. Il y avait
une opposition au temps de Lhospital, et c'était dans le Parlement qu'elle avait posé ses tentes.

Le chancelier, pour éviter son choc, s'appuya sur les Etats-
généraux. Ils étaient suspendus, mais leur esprit dictait sa conduite, et leur prochaine réunion pouvait la juger. Il était donc
inutile, illégal peut-être, de s'adresser au Parlement pour faire
publier les actes du pouvoir. L'édit fut envoyé directement
aux gouvernemens et aux Tribunaux ordinaires des provinces.

Le soulèvement fut général à cette nouvelle. Remplacer la re-
présentation nationale, telle est la prétention des Parlemens. Un
édit ne peut être que par la formule de l'enregistrement. Eux seuls l'apposeront, Philippe-le-Bel l'a déclaré. Ne
pas respecter ce principe, c'est frapper leurs prérogatives, c'est
renverser la constitution! Comment, d'ailleurs! une ordonnance
royale osait prononcer le mot de papiste !

Quelques exaltés furent tentés d'ajourner Lhospital, et par
arrêt, on défendit au prévôt de Paris d'obéir à l'ordre du roi.
Cet exemple fut suivi des provinces. De tous côtés, la résis-
tance s'organisa contre ce ministre qui voulait enchaîner le f4-

(1) Lettres patentes, 5 mars 1560.
(2) Ordonnance d'avril.
(3) Lafontaine.
(4) Lafontaine.

natisme;«il est fils d'un Juif,il est Juif,»(1) murmuraient les protestans;Dieu nous garde de la messe du chancelier.(2) disaient
les catholiques; et bientôt, pour défendre sa vie menacée, il
fallut lui donner une garde de trois bons capitaines. Lhospital
ne voulut les accepter qu'avec la permission de les choisir; il
les prit tous trois de diverses religions : un huguenot, un papiste, et M. de Bellegarde, qui, rapporte la chronique, tenait le
medium (3).

Ces précautions délicates ne pouvaient arrêter une irritation
injuste; aussi le chancelier décide-t-il la Cour à consulter le
Parlement. Notre ligne de conduite est mauvaise, que faut-il
faire? Délibérons. On n'ose invoquer devant lui le secours des
supplices et des tortures, de longues conférences se suivent; les
princes, les cardinaux, les évêques, sont appelés à opiner;
deux voix de majorité ont fait prédominer une décision un peu
plus sévère que celle du chancelier;le nouvel édit (4) comprend
tout ce que voulait l'ordonnance qu'il remplace, mais il prohibe
les réunions, les assemblées; enfin c'est une concession, on va
le publier. Non; l'influence de certains hommes fut assez considérable pour arrêter l'enregistrement d'une loi votée. Le Parlement attendit deux ordres du roi, appuyés d'une lettre de
Catherine de Médicis.

Prendre la vérité partout où elle se trouve, chercher le bien,
fuir le mal, concilier les principes, qui ne sont jamais opposés
que dans leur conséquences extrêmes , tels sont les projets de
Lhospital, qui cherche à réunir les protestans et les catholiques.
Des frères ne pouvaient rester ennemis; divisés seulement sur
quelques points de doctrine, séparés par des questions de dis-
cipline, ils devaient, avec des concessions mutuelles, arrêter
les maux affreux qui couraient sur la patrie chrétienne! Les
prélats et les ministres des deux religions furent convoqués à
Poissy. Cette résolution épouvanta le pape. Une lettre de Catherine de Médicis demande des réformes; il sait qu'elle com-
mence à dire (5) : «Eh bien! nous entendrons la messe en Français, » protester ne sera pas sa seule ressource : pour la dix-
huitième fois depuis quinze ans, il convoque le concile-géné-
ral à Trente.

Lhospital persistait néanmoins, et le roi, avec les princes, as-
sistaient aux premières séances du colloque. Devant eux, le
chancelier soutient le droit de la France, qui peut réunir un
concile pendant que le pape en assemble un autre.

« Les pères, les frères, les parents, les amys des malades les

(1) Voltaire.
(2) Dufey, Notice.
(3) Brantôme, *Discours sur les colonels d'infanterie* (MM. de
Grellé de Meuns et de Bellegarde.)
(4) Edit de Juillet.
(5) De Thou.

panseront mieux que ne feraient les estrangers non cognoissans nos affaires (1).

» Il faut se mettre d'accord; la rigueur n'est plus possible; la foy contraincte n'est plus la foy. » Puis, allant dans l'avenir, au-devant de cette proposition de Bossuet : «L'Eglise ne peut (2) avoir d'indulgence sur aucuns des dogmes condamnés par les conciles, sans trahir ses principes. » Il répond : « Si une chose déterminée par les conciles est bonne, elle n'empire point pour être traictée et confirmée; si elle est mauvaise, elle se peut amender et changer (3).

» Laisser les subtilitez et curieuses disputes; ne s'en rapporter qu'à la parole de Dieu. » Telle est, ensuite, la pensée qu'il développe.

Vous savez, messieurs, comment fut brisé ce généreux effort. En songeant, sans doute, aux querelles, aux altercations puériles que Lhospital ne put empêcher, Jean-Jacques écrivait : « Les hommes de sens qui, dans des circonstances semblables, chercheront des moyens de conciliation, proposeront de commencer par chasser tous les théologiens de l'assemblée. Vous avez tort, car j'ai raison est un argument qui n'a jamais convaincu personne (4) »

Le pape avait envoyé à Paris le fils de Lucrèce Borgia, Hippolyte d'Est, cardinal de Ferrare. C'est par lui qu'il connut « la grande victoire » et la conduite de Lhospital. Au nom des libertés gallicanes, le ministre refusait de reconnaître les titres du légat. Un ordre exprès du roi le forçait d'apposer les sceaux de l'Etat sur les lettres patentes accordées par la Cour; mais il protestait en ajoutant ces trois mots : «.sans mon consentement (5) »

Enfin, dans ce moment même, il se rendait coupable encore. N'osait-il pas poursuivre avec éclat un bachelier nommé Tanquerel, qui, dans sa thèse, avait soutenu que (6) :

« Le pape seul, vicaire de Jésus-Christ et monarque de l'Eglise, avait, pour le temporel comme pour le spirituel, une puissance absolue; qu'il pouvait dépouiller de leurs royaumes les princes qui refuseraient de se soumettre à ses décrets. »

Pour venger ses droits méconnus, Rome fit offrir à Catherine de Médicis une bulle qui autorisait la vente des biens du clergé jusqu'à concurrence de 300,000 écus d'or. Elle n'imposait à son

(1) Harangues.

(2) Variations.

(3) Harangues.

(4) Lettre à M. de Beaumont.

(5) De Thou, liv. 25 et Mémoires de Condé.

(6) De Thou. Le recteur de l'Université fut obligé de faire amende honorable. Mémoires de Condé.

présent qu'une seule condition, celle de jeter dans une prison ou de faire disparaître le chancelier (1).

Cette fureur qui devait célébrer la Saint-Barthelémy et sanctifier le poignard de Jacques Clément, le martyr, cette fureur grandit encore, quand les Etats généraux, réunis à Saint Germain, applaudirent Lhospital, déclarant « que le roy ne pouvait se montrer estre d'ung côté ou de l'autre,» repoussant au nom du christianisme et de l'humanité « la victoire qui serait dommageable, tant aux vainqueurs qu'aux vaincus (2).» Elle ne connut plus de bornes le jour où fut publié cet édit de janvier, qui accordait aux protestans le droit de s'assembler hors des villes pour faire leurs presches et autres exercices de leur religion (3). Les premiers magistrats du royaume avaient été réunis et consultés. Ils avaient entouré de précautions sans nombre cet acte de sage tolérance, et, néanmoins, le Parlement n'accorda l'enregistrement qu'après avoir épuisé toutes les résistances. Bientôt le massacre de Vassy retentit dans toute la France: «Tue, tue, mordieu, tue ces Huguenots (4)!» avait crié le Balafré en animant ceux de sa suite. Et Théodore de Bèze avait demandé justice. Notre église, disait-il (5), «est une espèce d'enclume sur laquelle plusieurs marteaux se sont déjà brisés.» Le lendemain, les armées en présence se disputaient le roi et sa mère, qui furent enlevés par les Guises, et le chancelier ne parut plus au Conseil. « Si je ne sais pas faire la guerre, avait-il répondu à Montmorency, qui raillait l'avis des gens de robe, au moins sais-je quand il est nécessaire de la faire (6).» Puis il s'était retiré.

Lhospital avait fait son devoir, sa consciencs était sans reproche, et pourtant il pleurait (7). Ne louons pas ses larmes, messieurs; tous ici nous pouvons dire : le spectacle des maux qu'on ne peut guérir, est cruel entre tous; regarder insensible les déchiremens de la patrie, oui, c'est un crime.

La paix ramena Lhospital aux affaires; elle avait été achetée par l'assassinat de François de Guise. Que ce soit la dernière atrocité enfantée par la discorde! que tous les partis se réunissent! Il s'agit de chasser les Anglais, maîtres du Havre par surprise. Pour une telle cause, le trésor n'est vide qu'un instant. On se décide à suivre le conseil des Etats-Généraux. On va vendre une partie des biens de l'Eglise (8). Montmorency a

(1) Levesque de Pouilly parle de prison, Dufey de poison.
(2) Harangues.
(3) Edit. de janvier.
(4) Mémoires de l'Etat de France.
(5) Dufey.
(6) De Thou.
(7) Mémoires de Condé.
(8) Les cahiers disaient : « Les biens qui, par le témoignage de toutes les écritures, appartiennent en propriété aux pauvres. (Req. au roy. M. Condé.)

porté lui-même au Parlement les lettres patentes qui ordonnent leur aliénation. Mais l'enregistrement est arrêté par une requête des syndics du clergé. Pour en finir, le roi tient un lit de justice.

« Mectre le royaume en hasard ou vendre le bien de l'Eglise (1), » telle est l'alternative offerte aux magistrats par le discours de Lhospital. Rome sera mécontente, mais déjà le chancelier a écrit à Pie IV : « (2) Je ne suis point un pestiféré. A ceux qui repoussent le culte du vrai Dieu, la piété sincère; à ceux qui oublient les devoirs du sacerdoce, poursuivent la fortune, refusent de corriger leur vie, de réformer leurs mœurs dépravées, j'ai déclaré une guerre éternelle, et maintenant que Dieu, que le vicaire de Dieu me jugent !

Puis il vient d'envoyer encore un gentilhomme au saint père. Quelle sera sa réponse? « Il faut faire, exécuter et..... il consentira. » Vous le voyez, messieurs, c'est la doctrine qui dans quelques années sera professée devant le grand roi ; Louis XIV parlera des respects dus à la papauté, et le président du Harlay lui répondra en souriant : « Oui, sire, il faut lui baiser les pieds et lui lier les mains (3). »

Le clergé racheta ses biens; le Havre fut arraché aux armes d'Elisabeth, et Lhospital qui voulait assurer la paix, en écrasant l'ambition des chefs de parti sous le poids du prestige royal, Lhospital déclara la majorité de Charles IX. Le Parlement de Rouen fut choisi pour cette cérémonie.

A son tour, il put entendre cette rude mercuriale du chancelier : « Si vous ne vous sentez assez forts pour commander vos passions et aimer vos ennemis, selon que Dieu le veult (4), abstenez-vous de l'office de juges. Messieurs, messieurs, faites que la loy et l'ordonnance soient par dessus vous.»

La paix était rétablie; mais le cardinal de Lorraine était au concile. Il avait obtenu directement du roi, pour le pape, la perception des annates, supprimée par les Etats d'Orléans. Il obtient du pape, contre le roi, une bulle adressée aux inquisiteurs généraux pour les autoriser à procéder contre tous les hérétiques et ceux qui les favorisaient. Le cardinal de Chatillon, évêque de Beauvais, saint Romain, archevêque d'Aix, Montluc, évêque de Valence, l'ami de Lhospital, Jeanne d'Albret elle-même, la reine de Navarre, furent assignés au saint office de Rome.

Un mémoire de Charles IX défend au pape la connaissance et le jugement de cette dernière affaire. S'il passe outre, « le roi sera contraint d'user des remèdes employés en pareils cas par ses

(1) Harangues.
(2) Lettre latine. (Dufey, 2e vol.)
(3) Note de d'Aguesseau.
(4) Harangues.

ancêtres (1) », mais le coup était porté. Pour calmer l'agitation du royaume, Lhospital parcourut, avec Charles IX, toutes les provinces; à chaque pas il s'arrête pour combattre les abus et les passions. A Bordeaux, où l'appelle une lettre du conseiller Lagesbaton, qui signale à sa justice les brigandages des seigneurs de la province; il harangue le Parlement et fait venir devant lui le marquis de Trans. Le grand seigneur rit des réprimandes du chancelier. «Comment! vous riez, lui dit Lhospital, vous vous pourriez bien donner garde qu'avec vos risées et vos bouffonneries, je vous ferai trancher la teste, et remerciez la reyne, car sans elle vous l'auriez toute à ceste heure (2). » Qui fust étonné, ajoute Brantôme, ce fust ledit monsieur le marquis. Le rire lui passa.

D'autre part, le Concile de Trente avait terminé ses travaux. Il proclamait, il est vrai, des réformes utiles, mais il fulminait l'anathème contre les protestans. La séparation des deux églises était définitive. Puis, les prélats avaient foulé aux pieds quelques unes des libertés gallicanes. De tous côtés, les décrets étaient attaqués. Dumoulin soutenait « que ledit Concile de Trente ne pouvait et ne devait estre receu (3); » il est mis en prison, et Lhospital est obligé d'ordonner sa mise en liberté. En même temps, l'entrevue d'Avignon et de Bayonne prépare à la France de nouveaux malheurs.

La reine d'Espagne, conduite par le duc d'Albe, est venue voir sa mère, Catherine de Médicis, et son frère Charles IX; des conférences mystérieuses ont lieu! Lhospital apprend aussi les troubles suscités à Paris par l'arrivée du cardinal de Lorraine, qui marche en triomphateur à la tête d'une armée; il entraîne le roi, et ne s'arrête à Moulins que pour compléter « la réformation de la justice,» commencée à Orléans et développée déjà par l'édit de Roussillon. Là, entouré de tous les chefs des Cours souveraines, le chancelier accorde quatre mois de liberté au débiteur condamné par corps au paiement de sa dette (4); il exige au-dessus de 100 livres des preuves écrites (5), limite les substitutions au quatrième degré (6), ordonne la publication des donations (7), abolit les confréries instituées, sous prétexte de religion, dans le petit peuple (8), déclare inaliénable le domaine

(1) Mémoires du temps de Dufey.
(2) Brantôme.—Montmor.
(3) Consult. de Dumoulin.
(4) Art. 48, ord. de Moulins.
(5) Art. 54, ord. de Moulins.
(6) Art. 57, ord. de Moulins.
(7) Art. 58, ord. de Moulins.
(8) Art. 74, ord. sur les confréries, assemblées et banquets accoutumez, pour bâtons et autres choses semblables.

royal (1), et prépare enfin, en retirant aux villes leur juridiction cirile (2), « nonobstant coutumes, priviléges, usances et prescription, » les réformes de 91 et de 1804.

Je ne m'arrête qu'un instant sur cette ordonnance, dont les articles vantés et reproduits par d'Aguesseau, ont été presque tous confirmés par nos Codes. Un savant distingué soutient que Lhospital «ce grand homme » dut souffrir en signant l'édit par lequel furent confisquées, «la justice civile, l'administration élective, toutes les libertés de cent villes (3). »

Faut-il admettre cette pensée? Est-ce bien là ce qu'on trouve dans les lois dictées à Moulins ? Comment ! le chancelier réforme la justice, il veut son unité, il cherche à rassembler en un faisceau patriotique tous les organes du droit civil; il proclame l'élection avec le concours, premières, seules garanties du mérite; et l'on pourra dire « qu'il a tué l'indépendance individuelle, qu'il a donné le jour à la corruption (4)!» Ouvrez les yeux, regardez; c'est la corruption qu'il poursuit, c'est la corruption qu'il frappe. Les villes conservent leurs priviléges, l'administration de la police et de la justice criminelle; elles n'ont plus la juridiction civile, élective, j'en conviens, mais aussi depuis longtemps impuissante devant les présidiaux, les baillis, les Parlemens, le conseil du roi; elles perdent leurs magistrats individuels, mais c'est pour recevoir ceux que lui donnera le cœur social, aujourd'hui le roi, demain le peuple; elles ne sont plus Marseille, Paris, elles sont les filles de la patrie. « La loy veut ce que veut le roy » n'a jamais été le principe de Lhospital. Quand on lui prête ce système ennemi de nos libertés, on oublie le temps dans lequel il a vécu, les ambitions qu'il a rencontrées, les guerres civiles qui grondaient autour de lui. On ne veut pas voir le soldat de l'ordre obligé, dans une lutte sans fin, de se couvrir d'un bouclier pour éviter les coups qu'il ne veut pas rendre.

Ce n'est point à vous, messieurs, que je dois montrer maintenant tous les autres travaux législatifs de Lhospital; vous connaissez ses édits (5) sur les mineurs, sur la succession des femmes mariées. Vous savez ses lois somptuaires; avec quel soin il poursuivait le jeu, l'usure, les comptables infidèles; comme il aimait les pauvres ! il les confiait à la charité des villes qui les avaient vus naître. Devant eux, il ouvrait les portes des hôpitaux; le commerce prospérait par lui; il réglementait les Tribunaux consulaires, accordait des priviléges aux ouvriers des mines.

Un de ses derniers actes fut de rappeler l'ordonnance des

(1) Février, 1566. — Moulins.
(2) Art. 71 et 72, ord. de Moulins.
(3) Augustin Thierry. (Etudes historiques.)
(4) Augustin Thierry. (Etudes hiotoriques.)
(5) Anciennes lois françaises.

Bannières de Louis XI, en créant une garde civique de cent bourgeois, choisis dans chaque quartier de Paris ; ils devaient prêter main-forte à la justice; ils servirent d'exécuteurs à Catherine de Médicis.

Celle-ci n'oubliait pas que, pour détruire le protestantisme, il fallait commencer par «attraper les gros poissons(1).» C'était le conseil du duc d'Albe; elle se préparait à le suivre. Les persécutions reparurent et furent suivies de la guerre. Vainement, un admirable écrit de Lhospital est remis au roi après avoir été publié; les batailles sont suspendues à peine quelques jours, et le chancelier ne veut plus conserver ses fonctions; il va trouver Charles IX et sa mère. « Je fais place aux armes (2), leur dit-il. Quelque temps après que vous aurez saoulé et rassasié votre cœur et votre soif du sang de vos subjects, je vous prie seulement d'embrasser la première occasion de paix. »

Lhospital partit pour Vignay, qu'il appelait ses champs ; il se retirait avec sa femme, sa fille et ses petits enfans. De là, tout plein de ces paroles de Caton à son fils : « La licence du temps ne te permettra rien de digne du nom de Caton, et le nom de Caton ne te permet pas de rien faire comme le siècle,» il écrivit à ses amis (3):«Les affaires du monde sont trop corrompues pour que je puisse m'en mêler encore.» Et il avait raison. Tromper, dissimuler, tyranniser, sont et seront toujours des crimes détestés par le sage. Ne vaut-il pas mieux tomber victime des méchans, que vivre pour les proscrire en devenant bourreau?

Dans cette nouvelle situation, heureux et tranquille, Lhospital s'étonnait d'avoir si longtemps oublié les charmes de la vie champêtre. Il se promenait sous les ombrages qu'il devait aux soins de Marie Morin «sa chère espouse et femme.» (4) Je mène ici la vie de Laerte, (5) répétait-il aux rares amis qui venaient s'asseoir à la table frugale dont une salière d'argent était le seul ornement. Car, chose remarquable, après avoir habité pendant quinze ans au milieu de la Cour, après avoir été conseiller, maître des requêtes, surintendant, chancelier, Lhospital était pauvre; il avait été obligé de demander au roi une dot pour sa fille, il était obligé de lui écrire encore :

« J'ai soixante-cinq ans passés, une femme, une fille, un

(1) Villemain, Dufey, etc.
(2) Testament.
(3) OEuvres de Lhospital.
(4) Testament.
(5) Epîtres de Lh. Ep., 1. 7.

Urbe salinum
Argento factum veniens huc extulit uxor.

gendre et déjà neufs petits enfans. J'ai un train de vieux serviteurs que je ne puis, sans déloyauté, laisser mourir de faim...
Une tour de mon bâtiment tombe en ruine. Avec cela, si votre
majesté, empeschée par les besoins de l'Etat, ne croit pouvoir
m'ayder; j'endurerai avec patience, cela n'est ni long ni difficile à mon age. » (1)

Lhospital aimait et cultivait les belles-lettres; il les avait pro-
tégées au temps de sa puissance. Vous savez tous cette anec-
dote qui fit connaître Amyot à la France. « A d'autres, c'est du
grec! » s'était écrié Henri II en recevant les vers que lui offrait
le traducteur de Plutarque, et il avait fallu les louanges de
Lhospital avec celles du cardinal de Tournon pour tirer de
l'exil, et peut-être sauver de l'oubli, une des gloires de notre
littérature. Cujas, dont l'année dernière une voix, que vous
n'avez pas oubliée, vous retraçait la grande existence, Cujas,
menacé, poursuivi, avait été protégé par Lhospital; Dumoulin
aussi n'avait fait qu'à sa demande cette consultation fameuse
qui prouvait les excès de pouvoir du concile de Trente. Enfin
Ronsard, Brantôme, Guy-Coquille, étaient ses amis comme
Guy-Dufaur, Scevole Saint-Marthe, et le père de l'historien De
Thou.

C'est à ces trois derniers que nous devons les épîtres lati-
nes de Lhospital. Quelques-uns, des ennemis, ont reproché au
chancelier les vers du poëte. Quelques autres, des amis, les ont
portés au ciel. Celui qui les avait dictés était le rival d'Horace,
l'héritier de sa lyre ; pour moi, tout fier d'avoir, à travers le
latin, entrevu l'âme du philosophe et les grâces de la vertu, je
me tais sur la forme, en me bornant à répondre à ses détracteurs:
Quand on accepte la raison pour guide, on peut toujours sans
danger, quelquefois utilement, promener son cœur dans les
longues et riantes allées de l'imagination.

Un ouvrage de législation perdu aujourd'hui avait été com-
posé par Lhospital. Dans sa retraite, il y écrivit aussi le traité de
la Réformation de la justice. Pour vous faire admirer ce grand
œuvre, je ne puis résister au désir de vous en montrer une
pensée.

« Ce qui, dit-il, rend non-seulement tous les Etats, républiques, cités, familles, mais encore chascung homme particu-
lier, heureux ou malheureux, sain ou malade, bon ou maul-
vais, sage ou fol, juste ou injuste, c'est... l'ordre on le désordre. »

N'oublions pas cette phrase, messieurs, ni surtout la consé-
quence qu'il en tire : « Pour rappeler l'ordre et le rétablir
comme protecteur de notre repos, il est nécessaire de chasser
son contraire, par la réformation des abus. »

Lhospital ne semble-t-il pas s'adresser à nous? Il vit, il voit

(1) Villemain,

nos périls, il indique le remède! mais non; sa plume s'est arrêtée en traçant cet autre passage (1) : «La force sans la justice ne vaut rien que pour les bestes farouches. » Il prévoyait la Saint-Barthélemy.

Elle éclate!

Durant deux jours, au nom de Dieu, au nom du roi, Paris saccage, viole, tue. Puis, quand, faute de victimes, il s'arrête, le massacre n'est pas fini. Le meurtre et l'incendie se précipitent dans les campagnes et menacent Vignay.

Une bande d'assassins a dépassé les autres; on l'a vue, elle approche. Fuir... c'est le cri de tous; famille, amis, serviteurs avec des larmes et des prières veulent entraîner Lhospital.

« Rien, rien, répond-il sans émotion, ce sera ce qu'il plaira à Dieu, quand mon heure sera venue. »

Mais on entend le pas pressé des chevaux; on aperçoit des épées nues et menaçantes; ne faut-il pas essayer contre la violence les efforts d'une juste défense? Au moins, doit-on fermer les portes?

« Non, dit-il, mais si la petite n'est bastante, pour la faire entrer, que l'on ouvre la grande. »

Heureusement ses ordres ne sont pas suivis; les sicaires des Guises, arrêtés un instant, reculent bientôt devant une troupe plus nombreuse, ce sont des soldats du roi. Catherine de Médicis n'a pas voulu du sang de Lhospital. Elle oublie sa courageuse opposition aux projets ourdis contre les protestans. Un officier annonce ses ordres, elle pardonne.

« J'ignorais, répondit froidement le chancelier, que j'eusse jamais mérité ni la mort, ni le pardon. »

Lhospital tremblait cependant. Sa fille était protestante. Elle était à Paris, elle est tuée sans doute, tuée!!... Comme il souffre! Aussi quelles larmes et quelles actions de grâces il verse aux pieds de la veuve de François de Guise! Anne d'Est, qui n'a pu voir les échafauds d'Amboise, Anne d'Est a sauvé son enfant!

Tu plures animas servasti, nuper in unâ
Illam ipsam, atque novem pueros et utrumque parentem. (2)

Ce furent ses derniers vers. Il traîna huit mois encore ce terrible souvenir; *Excidat illa dies,* (3) répétait-il souvent; puis sentant venir le premier jour de l'éternité, il dicta ses derniè-

(1) Réformation de la justice.
(2) Ep.
(3) Ce mot est attribué à de Thou. Il n'est pas vraisemblable qu'il lui appartienne. De Thou avait ordonné des poursuites contre les victimes du massacre. Villemain le lui reproche.

res volontés, ce testament admirable, dans lequel il raconte sa vie tout entière. « Si je n'ay pu, dit-il en terminant, assister ni ayder de conseil, aussi longtemps que j'eusse voulu, j'en appelle Dieu à tesmoing, et tous les anges, et tous les hommes, que ce n'a pas été ma faute, et que je n'ay rien eu de si cher que le bien et le salut du roy et de la patrie (1).»

Et la patrie reconnaissante a répondu, messieurs; elle a posé les statues de Lhospital au seuil du Palais législatif, en face des magistrats de la Cour suprême, à côté des sages de la sage justice.

Devant elles on s'arrête pour méditer, et l'esprit s'élève, il oublie la terre, il comprend l'immortalité. Pourquoi donc résumer ou compter les vertus du citoyen, du législateur, du philosophe? Honnête homme, resté lui-même au milieu des travestissemens de son siècle, il force l'admiration. Il y a vingt ans, du haut de la tribune parlementaire, avec sa brûlante éloquence, un orateur célèbre (2) montrait Lhospital à certains ministres qui ne pouvaient, disait-il, le regarder sans rougir. Ne faisons pas comme eux, décidons nous à le prendre pour modèle. Qu'il soit notre guide, notre drapeau, dans les luttes politiques qui peuvent encore déchirer la France. Enfans d'une même famille, animés d'un même amour pour le progrès, partout et toujours répétons avec lui :

« Toute sédition est mauvaise et pernicieuse en royaume et république, encore qu'elle eust bonne et honneste cause; il vaut mieux souffrir toutes pertes et injures qu'être cause d'ung si grand mal, que d'amener guerre civile en son pays (3).»

(1) Testament.
(2) Général Foy.
(3) Harangues aux Etats d'Orléans.

BIBLIOTHÈQUE NATIONALE
R. F.
IMPRIMÉS

www.ingramcontent.com/pod-product-compliance
Lightning Source LLC
Chambersburg PA
CBHW061742060726
47597CB00007B/2707